Ein Druckerzeugnis von
Volo publisher srl,
Florenz, Italien

Art.-Nr. 373 00
ISBN 978-3-939456-37-7
1. Auflage 2008

Originaltitel
Vita intorno a un fiume
Text und Illustrationen
Ferruccio Cucchiarini
Grafik
Sansai Zappini
Layout
Tezy Boursier Niutta
Lektorat
Irene Bianchini
Übersetzung
Bettina Müller Renzoni

Copyright der deutschen Ausgabe:
© 2008 lies + spiel Verlag und
Vertrieb, Lademannbogen 124,
22339 Hamburg,
www.lies-und-spiel.de
Herausgeber der Originalausgabe
© 2008 Volo publisher srl,
via dei Pepi, 7
50122 Firenze, Italia
Tel. +39/055/2347655
info@volopublisher.com

Herausgegeben 2008 in Italien
von Zanardi Group, Italia

Alle Rechte vorbehalten. Ohne schriftliche Erlaubnis von Volo publisher srl und, wo notwendig, der anderen Copyright-Inhaber, darf kein Teil dieses Werkes reproduziert oder in irgendeiner Form und mit irgendwelchen elektronischen, chemischen oder mechanischen Mitteln, einschließlich Fotokopien, oder mit Hilfe von Bildarchivierungssystemen weitergeleitet werden.

Das Leben am
FLUSS

6 • **Die Entstehung der Flüsse**

8 • **Das Einzugsbecken**

10 • **Die Pflanzenwelt**

12 • **Die Insekten**

14 • **Fische, Amphibien und Krustentiere**

16 • **Die Vögel**

18 • **Die Säugetiere**

20 • **Nester und Unterschlüpfe**

22 • **Das Poster**

Das besondere Kinderbuch

DIE ENTSTEHUNG DER FLÜSSE

Unser Planet ist von einem dichten Netz von Wasserläufen überzogen – den Flüssen. Sie entspringen den Quellen, Seen oder Gletschern in den Bergen und werden vom Regen und Schnee gespeist. In den Bergen haben auch die Wildbäche ihren Ursprung. Das sind Wasserläufe, die etwas kürzer sind als Flüsse. Weil sie hauptsächlich durch die Niederschläge gespeist werden, trocknen Wildbäche in der heißen Jahreszeit oft aus. Flüsse können auch unterirdisch verlaufen, weil der Erdboden Wasser aufsaugt wie ein Schwamm. Die lange Reise der Flüsse endet, wenn sie ins Meer oder in andere Wasserläufe münden.

Die Quellen
In den Bergen fallen viel Regen und Schnee. Das Wasser dringt in den Boden ein oder sickert durch die Felsen: So entstehen unterirdische Wasserbecken. Wenn das Wasser dieser Becken irgendwo einen Ausgang findet, nennt man die Stelle, an der es an die Oberfläche tritt, eine Quelle.

Die Flüsse der Welt
Der längste Fluss auf der Welt ist der Nil. Er fließt über eine Länge von 6671 Kilometern durch den afrikanischen Kontinent und mündet ins Mittelmeer. Der Amazonas in Südamerika ist 6280 Kilometer lang und von einem riesigen Urwald umgeben. Und durch Nordamerika fließt der fast 6000 Kilometer lange Mississippi. Die längsten Flüsse Asiens sind zwei chinesische Flüsse: der 5800 Kilometer lange Blaue Fluss (Yangzijiang) und der 4800 Kilometer lange Gelbe Fluss (Huangho), der seinen Namen der gelblichen Farbe seiner schlammigen Gewässer verdankt.

Die längsten Flüsse Europas sind die Wolga (3531 Kilometer) und die Donau (2858 Kilometer).

Der ewige Schnee und die Gletscher
Gewisse Stellen im Hochgebirge bleiben das ganze Jahr über von Schnee und Eis bedeckt. Während der warmen Jahreszeit bringt Sonnenwärme jedoch den ewigen Schnee und die Gletscher teilweise zum Schmelzen. Das auf diese Weise entstehende Wasser, das Schmelzwasser genannt wird, bildet den Ursprung von Wildbächen und Flüssen oder versickert im Boden und speist so die Quellen.

Die Grundwasserquellen
Gewisse Felsenarten sind durchlässig, sie lassen das Wasser bis in große Tiefen hineinsickern. So bilden sich im Innern des Bergs Seen und Flüsse. Wenn dieses Wasser einen Ausgang findet, entstehen Grundwasserquellen, das heißt Flüsse, die plötzlich an die Erdoberfläche treten.

Der Ursprung in den Bergen
Die großen Flüsse haben ihren Ursprung auf den hohen Berggipfeln.

Bewaldete Ufer
Auf ihrer Reise zum Meer transportieren die Flüsse Sand und Geröll. Ein Teil dieses Materials lagert sich an den Ufern ab, macht sie fruchtbar und erlaubt so einer üppigen Pflanzenwelt das Wachstum.

Die wasserundurchlässigen Felsen
Nicht jedes Gestein lässt das Wasser eindringen, sondern es gibt auch kompakte und wasserundurchlässige Felsen, die eine Art Barriere bilden. Bleibt das Wasser über längere Zeit an der Oberfläche, bildet sich eine feuchte Umgebung. Diese ist ideal für die Entwicklung einer reichen Pflanzenwelt.

DAS EINZUGSBECKEN

Die Flüsse fließen in einer Rinne, dem sogenannten Flussbett, talwärts. Bevor ihre Reise an der Flussmündung zu Ende geht, können die Flüsse bis zu Tausenden von Kilometern zurücklegen. An der Mündung ergießen sie sich ins Meer, in einen See oder in einen größeren Fluss. Unterwegs nehmen die Flüsse das Wasser kleinerer Wasserläufe, der Nebenflüsse, auf und werden damit immer größer. Das Gebiet, das alle in einem Fluss aufgenommenen Wasserläufe in sich vereinigt, heißt Einzugsbecken. Das weltweit größte Einzugsbecken ist das des Amazonas in Südamerika, das sich über fast 7.000.000 Quadratkilometer erstreckt. Dieses Einzugsbecken ist fast so groß wie ganz Australien.

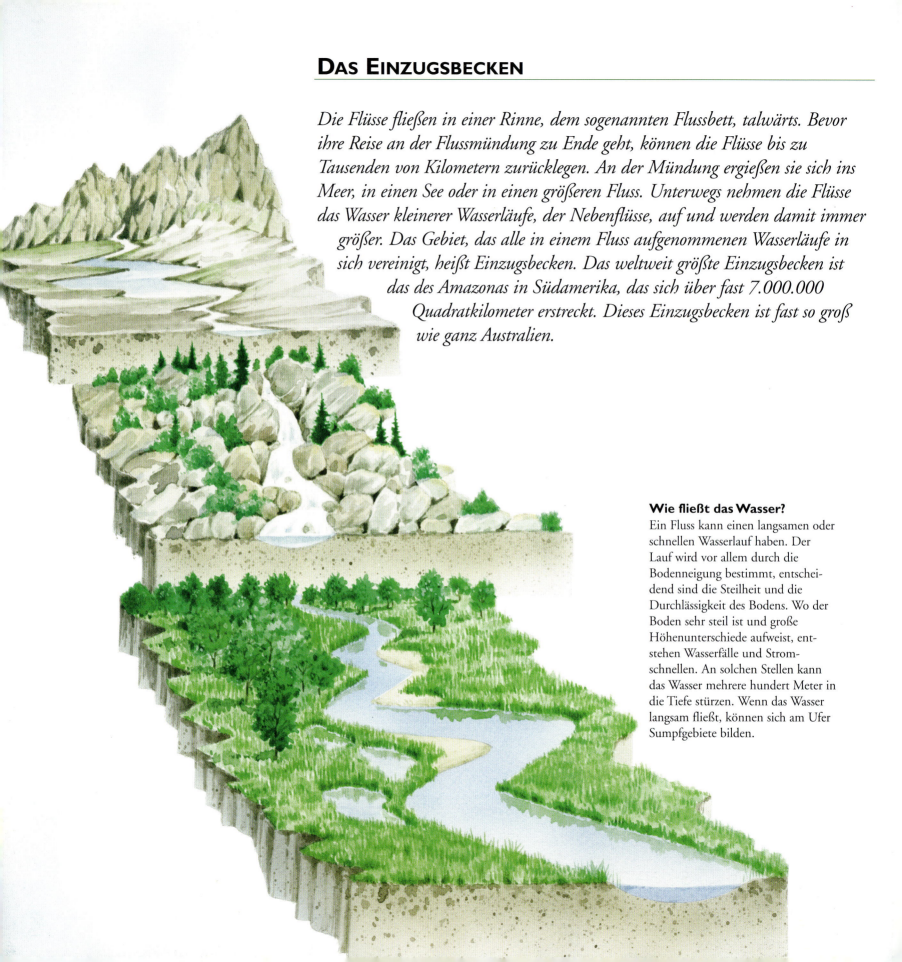

Wie fließt das Wasser?
Ein Fluss kann einen langsamen oder schnellen Wasserlauf haben. Der Lauf wird vor allem durch die Bodenneigung bestimmt, entscheidend sind die Steilheit und die Durchlässigkeit des Bodens. Wo der Boden sehr steil ist und große Höhenunterschiede aufweist, entstehen Wasserfälle und Stromschnellen. An solchen Stellen kann das Wasser mehrere hundert Meter in die Tiefe stürzen. Wenn das Wasser langsam fließt, können sich am Ufer Sumpfgebiete bilden.

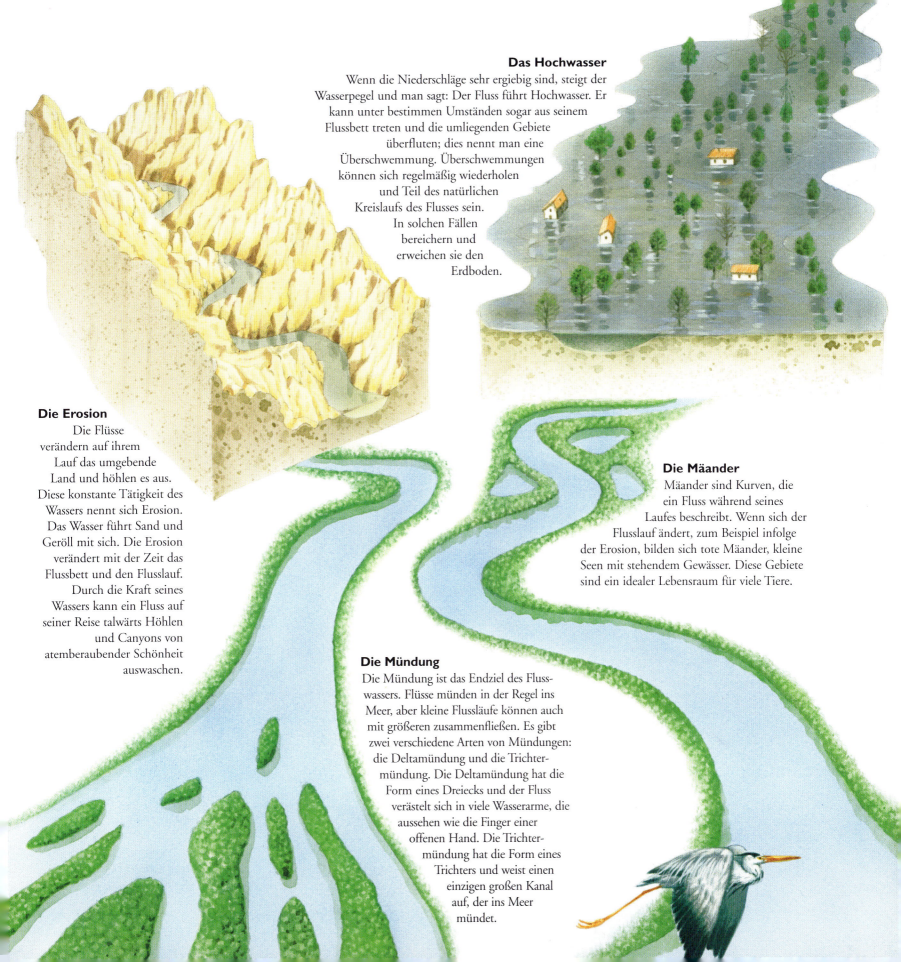

Das Hochwasser
Wenn die Niederschläge sehr ergiebig sind, steigt der Wasserpegel und man sagt: Der Fluss führt Hochwasser. Er kann unter bestimmen Umständen sogar aus seinem Flussbett treten und die umliegenden Gebiete überfluten; dies nennt man eine Überschwemmung. Überschwemmungen können sich regelmäßig wiederholen und Teil des natürlichen Kreislaufs des Flusses sein. In solchen Fällen bereichern und erweichen sie den Erdboden.

Die Erosion
Die Flüsse verändern auf ihrem Lauf das umgebende Land und höhlen es aus. Diese konstante Tätigkeit des Wassers nennt sich Erosion. Das Wasser führt Sand und Geröll mit sich. Die Erosion verändert mit der Zeit das Flussbett und den Flusslauf. Durch die Kraft seines Wassers kann ein Fluss auf seiner Reise talwärts Höhlen und Canyons von atemberaubender Schönheit auswaschen.

Die Mäander
Mäander sind Kurven, die ein Fluss während seines Laufes beschreibt. Wenn sich der Flusslauf ändert, zum Beispiel infolge der Erosion, bilden sich tote Mäander, kleine Seen mit stehendem Gewässer. Diese Gebiete sind ein idealer Lebensraum für viele Tiere.

Die Mündung
Die Mündung ist das Endziel des Flusswassers. Flüsse münden in der Regel ins Meer, aber kleine Flussläufe können auch mit größeren zusammenfließen. Es gibt zwei verschiedene Arten von Mündungen: die Deltamündung und die Trichtermündung. Die Deltamündung hat die Form eines Dreiecks und der Fluss verästelt sich in viele Wasserarme, die aussehen wie die Finger einer offenen Hand. Die Trichtermündung hat die Form eines Trichters und weist einen einzigen großen Kanal auf, der ins Meer mündet.

DIE PFLANZENWELT

Die Flussufer weisen in der Regel eine reiche Pflanzenwelt auf. Der hohe Feuchtigkeitsgehalt und das fruchtbare Schwemmland stellen ideale Umweltbedingungen für das Wachstum von Bäumen, Moosen, Schilfrohren und Algen dar. Die Wurzeln der Pflanzen festigen die Ufer und machen sie widerstandsfähiger gegen die Erosion. Bei Hochwasser bremsen die Bäume die Wucht des Wassers ab, verringern den Druck und damit die Zerstörungskraft.

Die Uferbäume
Entlang den Flussufern gedeihen unzählige Baumarten. Die Weiden (1) wachsen unmittelbar am Wasser. Etwas weiter entfernt findet man Pappeln und Erlen (2): Diese beiden Baumarten benötigen einen feuchten, aber nicht überschwemmten Boden. Ulmen und Eichen (3) finden sich noch weiter vom Flussufer entfernt.

Die Wasserpflanzen
Es gibt Pflanzen, die ständig im Wasser leben: Man nennt sie Wasserpflanzen. In seichten oder fast stehenden Gewässern, die sehr viel Sonnenlicht bekommen, bilden sich kleine Algenteppiche.

Die Wurzeln
Einige Uferbäume, wie die Weiden, besitzen ein Wurzelwerk, das sich auch unter Wasser ausbreitet. Dies erlaubt ihnen, unmittelbar am Uferrand zu wachsen, wo der Erdboden überschwemmt ist.

Sandige Ufer
Mit dem Hochwasser lagern sich Sand und Geröll in den Stellen ab, wo die Strömung am geringsten ist. Es bilden sich kleine Inseln oder Sandhaufen, auf denen sich Pflanzen ansiedeln: zum Beispiel Schilfrohr und an den schattigeren Stellen Brunnenkresse, Schachtelhalme und großblättriger Huflattich.

- Das Schilfrohr
- Die Silberweide
- Der Huflattich
- Die Weidenrute
- Der Schachtelhalm
- Die Weide
- Die Schwarzpappel
- Die Silberpappel
- Die Schwarzerle
- Der Blutweiderich
- Die Brunnenkresse
- Der ampferblättrige Knöterich

DIE INSEKTEN

Der Lebensraum am Fluss ist ungemein vielfältig: Es gibt stehende und fließende Gewässer, sandige Ufer und Stellen mit dichtem Pflanzenwuchs. Hier leben viele Insekten. Wenn du dich am Flussufer ganz still hinsetzt, kannst du sie summen hören. Im Wasser befinden sich winzige Eier: Aus ihnen schlüpfen die Neaniden, die jungen, nur teilweise den erwachsenen ähnlich sehenden Insekten, oder die Larven, die sich vollständig verwandeln müssen, um sich zum eigentlichen Insekt zu entwickeln.

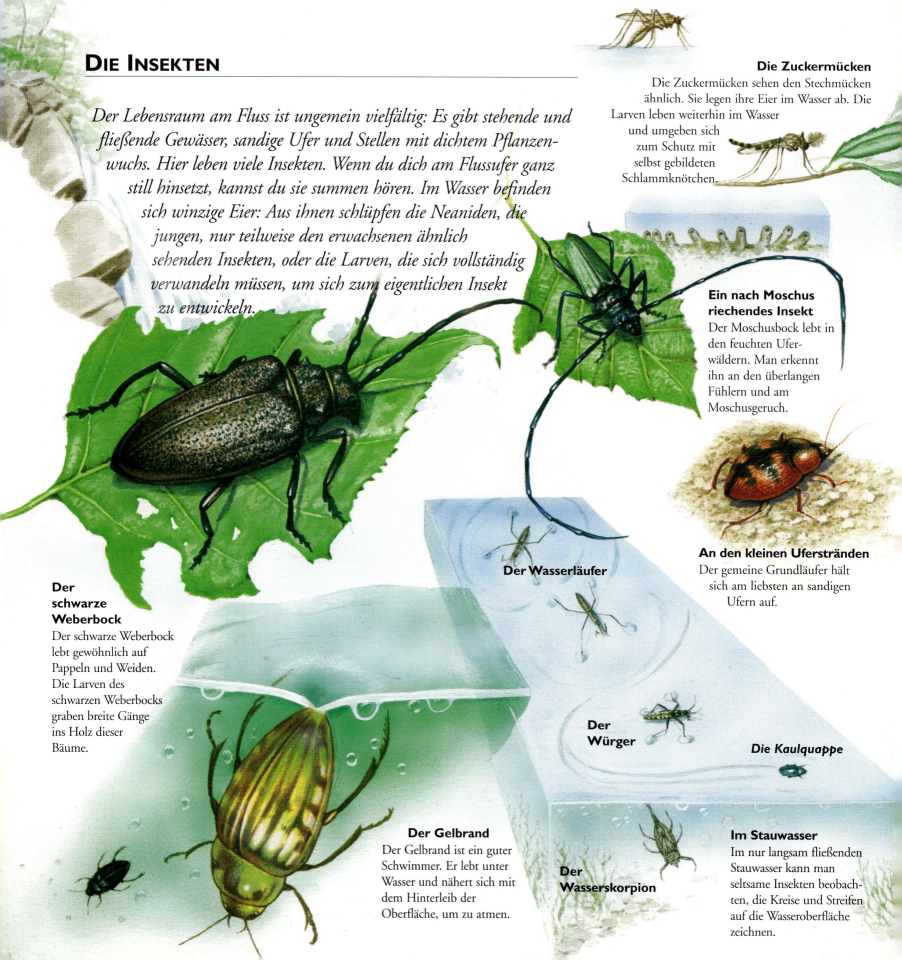

Die Zuckermücken
Die Zuckermücken sehen den Stechmücken ähnlich. Sie legen ihre Eier im Wasser ab. Die Larven leben weiterhin im Wasser und umgeben sich zum Schutz mit selbst gebildeten Schlammknötchen.

Ein nach Moschus riechendes Insekt
Der Moschusbock lebt in den feuchten Uferwäldern. Man erkennt ihn an den überlangen Fühlern und am Moschusgeruch.

An den kleinen Uferstränden
Der gemeine Grundläufer hält sich am liebsten an sandigen Ufern auf.

Der Wasserläufer

Der schwarze Weberbock
Der schwarze Weberbock lebt gewöhnlich auf Pappeln und Weiden. Die Larven des schwarzen Weberbocks graben breite Gänge ins Holz dieser Bäume.

Der Würger

Die Kaulquappe

Der Gelbrand
Der Gelbrand ist ein guter Schwimmer. Er lebt unter Wasser und nährt sich mit dem Hinterleib der Oberfläche, um zu atmen.

Der Wasserskorpion

Im Stauwasser
Im nur langsam fließenden Stauwasser kann man seltsame Insekten beobachten, die Kreise und Streifen auf die Wasseroberfläche zeichnen.

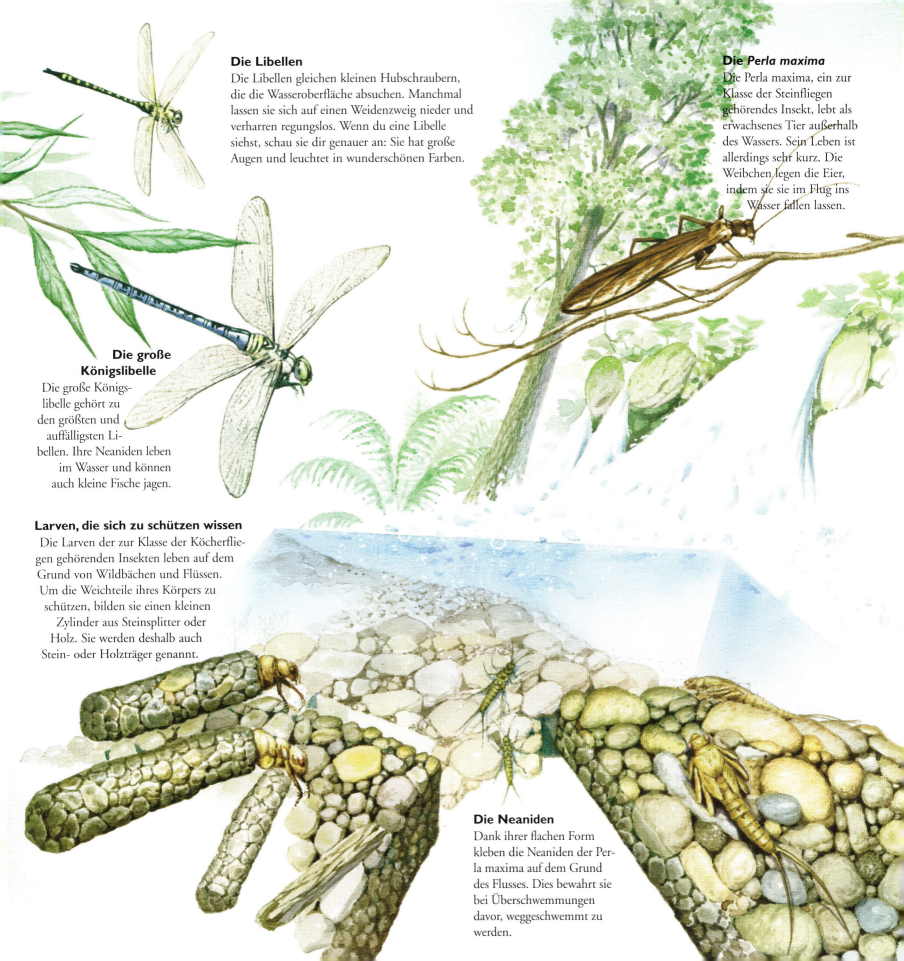

Die Libellen
Die Libellen gleichen kleinen Hubschraubern, die die Wasseroberfläche absuchen. Manchmal lassen sie sich auf einen Weidenzweig nieder und verharren regungslos. Wenn du eine Libelle siehst, schau sie dir genauer an: Sie hat große Augen und leuchtet in wunderschönen Farben.

Die Perla maxima
Die Perla maxima, ein zur Klasse der Steinfliegen gehörendes Insekt, lebt als erwachsenes Tier außerhalb des Wassers. Sein Leben ist allerdings sehr kurz. Die Weibchen legen die Eier, indem sie sie im Flug ins Wasser fallen lassen.

Die große Königslibelle
Die große Königslibelle gehört zu den größten und auffälligsten Libellen. Ihre Neaniden leben im Wasser und können auch kleine Fische jagen.

Larven, die sich zu schützen wissen
Die Larven der zur Klasse der Köcherfliegen gehörenden Insekten leben auf dem Grund von Wildbächen und Flüssen. Um die Weichteile ihres Körpers zu schützen, bilden sie einen kleinen Zylinder aus Steinsplitter oder Holz. Sie werden deshalb auch Stein- oder Holzträger genannt.

Die Neaniden
Dank ihrer flachen Form kleben die Neaniden der Perla maxima auf dem Grund des Flusses. Dies bewahrt sie bei Überschwemmungen davor, weggeschwemmt zu werden.

FISCHE, AMPHIBIEN UND KRUSTENTIERE

Süßwassertiere leben je nach Art in stehenden und schlammigen Gewässern oder in Wasserläufen mit starker Strömung. Fische können im Wasser leben, weil sie Kiemen haben. Das sind Sauerstoff bindende Organe, durch die sie atmen. Viele Fische besitzen eine Schwimmblase, ein Organ, das sie mit Luft füllen wie einen Ballon, wenn sie an die Oberfläche steigen möchten. Wenn sie dagegen abtauchen wollen, leeren sie die Schwimmblase.

Ein gefürchteter Räuber
Die Forelle schnellt durch die klaren und wasserstoffreichen Gewässer der Bergbäche. Der gefräßige Räuber ist gefürchtet bei Larven, Insekten und kleinen Fischen.

Ein Fisch im Schlangenkleid
Der Aal bevorzugt stehende, trübe Gewässer, aber man kann ihn auch an anderen Flussstellen finden. Seinen Unterschlupf verlässt dieses Tier hauptsächlich nachts. Zur Fortpflanzung begibt er sich auf eine lange Reise bis zum Meer.

Der Döbel
Den Döbel, eine Karpfenart, erkennt man an seinen großen glänzenden Schuppen. Du kannst ihn an ruhigen Flussstellen ausfindig machen. Er verharrt unbeweglich zwischen Schatten und Licht und wartet auf einen saftigen Happen.

Die Elritze
Die Elritze ist klein und lebt gewöhnlich in Schwärmen. Sie bevorzugt seichte und sonnige Gewässer mit mittleren und höheren Flussläufen.

Schnurrhaare mit Sensor
Die dicken Schnurrhaare der Barbe sind unverwechselbar. Dieser Fisch setzt sie als Sensoren ein, wenn er den sandigen Boden abtastet, um dann mit seinen kräftigen Lippen nach Nahrung zu suchen.

Die Groppe
Die Groppe ist ein kleiner Fisch, der hauptsächlich in fließenden, sehr sauerstoffreichen Gewässern lebt.

Im Wasser und an Land gleichermaßen zu Hause
Einige Tiere wie die Frösche können lange Zeit unter Wasser bleiben. Zum Atmen müssen sie aber an die Oberfläche kommen. Die sogenannten Lurche verbringen viel Zeit an Land, doch ihre Eier legen sie in den Flüssen ab. Die schlüpfenden Kaulquappen atmen wie die Fische durch kleine Kiemen. Doch wenn sie ausgewachsen sind, können die Kaulquappen nicht mehr unter Wasser atmen.

Ein flinker Springer
Der Laubfrosch ist ein gewandter Schwimmer, aber er verbringt sein Leben hauptsächlich auf den Bäumen. Mit großen Sprüngen hüpft er von einem Ast zum anderen.

Der Brillensalamander
Der Brillensalamander ist äußerst selten. Er lebt ausschließlich in sehr sauberen und sauerstoffreichen Gewässern.

Die Gelbbauchunke
Durch die schöne Färbung am Bauch lässt sich die Gelbbauchunke leicht von den anderen Flussfröschen unterscheiden.

Der Flusskrebs
Der Flusskrebs bewegt sich vorsichtig auf dem steinigen Grund des Flusses, sein starker Panzer schützt ihn vor Räubern.

Der Molch
Der Molch ist ein Lurch und lebt in ruhigen Wassertümpeln. Doch ab und zu steigt er aus dem Wasser und legt lange Strecken in Wäldern und Wiesen zurück.

DIE VÖGEL

Zwischen den Schilfrohren, in den Bäumen am Flussufer und in den Kiesbetten nisten viele Vögel. Ihre Hauptnahrung besteht aus kleinen Fischen und Insekten, die in der Flusslandschaft im Überfluss vorkommen. An den Flussufern kannst du zusehen, wie Vögel fischen oder auf der Jagd nach Larven ins Wasser tauchen, die für sie einen Leckerbissen darstellen.

Der Fischreiher
Unbeweglich sitzt der Fischreiher da, während er das Wasser – auf der Suche nach Beute – beobachtet. Wenn er gestört wird, öffnet er die großen Flügel und fliegt langsam davon.

Das Teichhuhn
Beim Fischen watet das Teichhuhn durch das seichte Wasser. Manchmal schwimmt es auch träge, wie eine Ente.

Die Gebirgsstelze
Die Gebirgsstelze nistet zwischen den Felsen der Bergbäche. Ihr langer Schwanz hilft ihr dabei, das Gleichgewicht auf den Felsen zu halten.

Das Rotkelchen
Die orangerote Farbe der Brust ist das unverkennbare Merkmal des Rotkehlchens. Du kannst es in den Wäldern an den Flussufern beobachten.

Die Flussnachtigall
Die Flussnachtigall nistet am Boden, im Schilfdickicht des Ufers. Dank ihrer Tarnfärbung kann sie sich gut verstecken, aber ihr melodischer Gesang ist unüberhörbar.

Die Enten
Die Flüsse sind der bevorzugte Lebensraum zahlreicher Entenarten. Die Männchen und Weibchen der Stockente sind ganz unterschiedlich gefärbt. Die Krickente bevorzugt ruhige Gewässer.

Die Bachstelze
Die Bachstelze nistet oft in der Nähe von Wasserläufen.

Der Eisvogel
Der Eisvogel kauert auf Ästen und hält nach kleinen Fischen Ausschau. Wenn er eine Beute sichtet, schnellt er blitzschnell ins Wasser und spießt sie mit seinem langen, schwertförmigen Schnabel auf.

Die Stockente

Die Krickente

Die Beutelmeise
Die Beutelmeise baut kunstvolle Nester aus pflanzlichem Flaum, Grashalmen und Haaren. An den Ästen der Weiden befestigt, gleichen ihre Nester bauchigen Taschen.

Die Wasseramsel
Die Wasseramsel ist eine geschickte Fischerin. Wenn es darum geht, einen fetten Brocken zu erhaschen, scheut sie nicht davor zurück, sich in die reißende Flussströmung zu stürzen, mit ihren kurzen Flügeln auf die Beute zuzuschwimmen und sie zu ergreifen.

DIE SÄUGETIERE

Die Flusslandschaft bietet vielen Säugetieren einen Lebensraum. Manche dieser Tiere begeben sich nur zur Tränke oder zur Jagd ans Flussufer, andere bewegen sich dagegen mit großer Geschicklichkeit auch im Wasser. Viele bauen ihre Höhlen am Ufer, zwischen den Wurzeln der Bäume. Sie sind nicht leicht zu sehen, denn sie verlassen ihren Bau vorwiegend nachts. Aber wenn du die sandigen Uferstellen genau beobachtest, kannst du ihre Spuren oder andere Zeichen des Wildwechsels erkennen.

Der Iltis
Der Iltis lebt in der Nähe von Wasserläufen und verlässt seinen Bau hauptsächlich nachts. Wenn er erschreckt wird, gibt er aus seinen Drüsen ein übel riechendes Sekret ab.

Der Fischotter
Der Fischotter ist ein hervorragender Schwimmer. Er tummelt sich in Flüssen und Bächen auf der Suche nach seinem Lieblingsfutter: Fische, Krabben und Krebse. An den Ufern ruhigerer Wasserläufe kannst du seine Spuren sehen, zum Beispiel Fußabdrücke oder Fischgräten, die Reste seiner Mahlzeit.

Die Wasserspitzmaus
Die Wasserspitzmaus ist eine flinke Schwimmerin, man erkennt sie an ihrem spitzen Schnäuzchen. Sie jagt sowohl an Land als auch im Wasser. Mit ihrem giftigen Speichel lähmt sie ihre Beutetiere, wie kleine Fische, Frösche und Molche.

Die Wildkatze
Die Wildkatze nähert sich Flüssen und Bächen, um dort Vögel und kleine Säuger zu jagen.

Am Fluss, um sich im Schlamm zu wälzen
Der Hirsch kommt nicht nur zur Tränke ans Flussufer, sondern auch auf der Suche nach Schlammpfützen. Darin wälzt er sich, um sich von lästigen Parasiten zu befreien.

Die Zwergfledermaus
Die Zwergfledermaus verlässt ihre Unterkunft erst nach Sonnenuntergang. Sie fliegt schnell über die Wasseroberfläche und durch die Lichtungen der Uferwälder. Sie ernährt sich von kleinen Insekten, die sie im Flug aufschnappt.

Die kleine Haselmaus
Die Haselmaus ist ein winziger Siebenschläfer und lebt an den bewaldeten Flussufern.

Die Wühlmaus
Wühlmäuse leben in der Nähe ruhiger Wasserläufe. Sie graben ihre Höhlen zwischen den Wurzeln der Pflanzen am Uferrand.

NESTER UND UNTERSCHLÜPFE

Unter der Wasseroberfläche oder in Ufernähe versuchen die Flusstiere, ihren Feinden zu entgehen. Manchmal verstecken sie sich in Gelegenheitsunterschlüpfen und warten dort, bis es Nacht wird, um im Schutz der Dunkelheit herauszukommen. Ihre Nester sind kunstvolle Bauten; in den Schlamm eingegraben oder mit zusammengesuchten Materialien kunstvoll geflochten. Die ganz Ängstlichen schleppen ihre Behausung mit sich herum.

Winzige Schlammtürme
Die von den Larven der Zuckermücken gebauten Unterschlüpfe gleichen winzigen Schlammtürmen.

Unter den Steinen
Viele Fische, wie die Barben, verbringen die heißen Tage in „Höhlen", die die Flussströmung unter den Steinen ausgräbt, und kommen erst nach Sonnenuntergang oder bei trübem Wasser zum Vorschein.

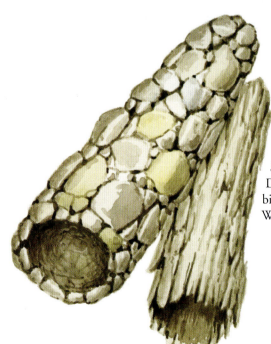

Der Steinpanzer
Gewisse Larven umgeben sich mit selbstgebauten kleinen Zylindern aus Steinsplittern oder Hölzchen. Darin verbleiben sie so lange, bis sie als erwachsene Tiere das Wasser verlassen.

Ein vorübergehendes Versteck
Die Forellen bevorzugen in der Regel ein nicht allzu tiefes Versteck. Sie verharren im Schatten von Wurzeln, die ins Wasser ragen, und warten auf eine Beute. Sobald sie ein Beutetier erspähen, schnellen sie blitzartig hervor und schnappen es sich. Dann verharren sie wieder bewegungslos.

Nester über dem Wasser
Der Strom wäscht die bröckeligen Ufer aus und legt die Erde frei. Genau an diesen Stellen bauen einige Vogelarten, wie die Uferschwalben, ihre Nester. Um ihrem Fischgebiet möglichst nahe zu sein, nisten andere Vögel, wie die Wasseramsel, in Felsspalten zwischen den Steinen unmittelbar über dem Wasser.

Geschickte Nestbauer
Die bauchigen Nester der Beutelmeise haben eine charakteristische Form und sind ein weicher und sicherer Unterschlupf. Sie baumeln an dünnen Ästen. Auf diese Weise bleibt der Nesteingang für eventuelle Räuber unerreichbar.

Zwischen den Gräsern des Flussufers
Durch die Feuchtigkeit des Flusses verströmt das Unterholz starke Gerüche, die die Raubtiere verwirren. Aus diesem Grunde bauen einige Vögel ihre Nester am Boden, gut versteckt im niederen Gras.

Im Wasser abgelegte Eier
Fische und Amphibien legen ihre Eier im Wasser ab. Die Amphibien befestigen sie manchmal an Wasserpflanzen: Die langen Eierfäden gleichen gallertartigen Ästen. Zu Hunderten werden die Eier im Wasser abgelegt, aber den größten Teil davon fressen andere Tiere. Nur aus wenigen Eiern schlüpfen schließlich Jungtiere.